CÉDRIC

COMME SUR DES ROULETTES

Dessin : Laudec　　　　　**Scénario : Cauvin**

Couleurs : Leonardo

DUPUIS

www.cedric.kidcomics.com

D.1994/0089/166 — R.2/2005.
ISBN 2-8001-2171-8 — ISSN 0775-6658
© Dupuis, 1994.
Tous droits réservés.
Imprimé en Italie.
www.dupuis.com

Douce nuit

JOYEUX NOEL

NE FAIS DONC PAS CETTE TÊTE-LÀ, PAPA! JE T'ASSURE QUE ÇA VA FAIRE PLAISIR À CÉDRIC QUE NOUS SOYONS VENUS TOUS ENSEMBLE!

POUR UNE FOIS QU'IL ACCEPTE DE PARTICIPER À UNE FÊTE D'ÉCOLE!

J'AIME PAS LES FÊTES D'ÉCOLE! C'EST ENNUYEUX ET ON EST MAL ASSIS!

ATTENDEZ AU MOINS D'AVOIR VU! C'EST VOTRE PETIT-FILS, TOUT DE MÊME!

C'EST VRAI ÇA!

BOM BOM BOM

CHHHT

CHHHHT

CHHT

JOYEUX NOEL

KRRR... KRR....

LE MIRACLE DE NOËL! PREMIER TABLEAU! FATIGUÉS, ÉPUISÉS, JOSEPH ET MARIE CHERCHENT DÉSESPÉRÉMENT UN ABRI POUR PASSER LA NUIT...

À VOUS, ALLEZ-Y!

BIEN! TRÈS BIEN!

OÙ IL EST, LE GAMIN?

IL FAIT L'ÂNE AVEC CHRISTIAN!

CHHHT CHHT!

104/1

KRiiiiip

...ET LEUR DIT...

KRiiiiip KRiiiiip

AH ENFIN!

TU LA BOUCLES, DIS?

HOSANNA! HOSANNA AU PLUS HAUT DES CIEUX...

CLAK

BLOUF

QU'EST-CE QUI VOUS A PRIS DE LÂCHER LA MANIVELLE!

J'AI PAS LÂCHÉ LA MANI-VELLE! C'EST LE NOEUD QUI A LÂCHÉ

RIDEAU! RIDEAU!

WHAHAHA!

PAPA!

EN PLACE POUR LE TABLEAU NUMÉRO TROIS!

QU'EST-CE QUE TU VEUX, TOI?

OUAAH!

HH DJU

VOYONS, CÉDRIC, QU'EST-CE QUI T'A PRIS?

QUAND ON SAIT PAS FAIRE UN NOEUD, ON N'EN FAIT PAS!

CALME-TOI! IL Y A EU PLUS DE PEUR QUE DE MAL! TU VOIS BIEN QU'ELLE N'A RIEN!

NON, MAIS ÇA AURAIT PU!

C'EST VRAI ÇA! SI ON N'AVAIT PAS ÉTÉ LÀ...

104/3

LE TROISIÈME TABLEAU!
LE TROISIÈME TABLEAU!

PAPA!

UNE ÉTOILE APPARAÎT DANS LE CIEL ET GUIDE LES TROIS ROIS MAGES VERS LA CRÈCHE...

KRRRR...

EN SCÈNE, LES ROIS MAGES!

KRRRR...

NAN! J'IRAI PAS!

MAIS PUISQUE CHEN N'A RIEN...

ET SI L'ÉTOILE SE DÉTACHE, HEIN? CE N'EST PAS VOUS QUI L'AUREZ SUR LA CÉDRIC!

ALLEZ-Y DÉJÀ, VOUS DEUX, IL VA VOUS REJOINDRE!

AH NON! IL VIENT AVEC NOUS OU ON N'Y VA PAS!

TU IRAS, JE TE DIS!

NAN! J'IRAI PAS!

SI!

NAN!

NICOLAS, LA FINALE, VIIIITE!

JOYEUX NOËL ET PAIX AUX HOMMES DE BONNE VOLONTÉ!

RIDEAU!

WHAHAHAHA!

LE LENDEMAIN...

À LA FÊTE DE L'ÉCOLE? TOI? JE CROYAIS QUE TU DÉTESTAIS ÇA?

OUAIS, HIHIHI MAIS J'AI CHANGÉ D'AVIS... HI HI HIHI!..

CAUVIN - Laudec '93.

Jouez, c'est gagné...

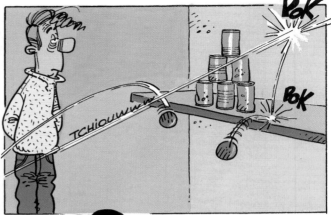

POK

TCHiOUWWW POK

7 BALLES POUR 10F

7 BALLES POUR 10F

BLING KLANG

KLANG

11413

TU EN AS SOUVENT DES COMME ÇA ?

NON ... ET HEUREUSEMENT !

FLYING BALLS

TOMBOLA

CAUVIN- Laudec '94.

Un coup de vieux...

IL EST ASSEZ EFFARANT DE PENSER QUE LES REPTILES DOMINÈRENT LE MONDE PENDANT DES MILLIONS D'ANNÉES. TROIS SORTES DE MONARQUES SE PARTAGEAIENT LE ROYAUME DES DINOSAURES...

VALSE 2 VALSE ♪

LES DINOSAURES, ROIS DE LA TERRE FERME, LES PLÉIOSAURES ET LES ICHTYOSAURES, ROIS DE LA MER ET LES PTÉRODACTYLES, ROIS DES AIRS...

LES DINOSAURES DONT LE NOM SIGNIFIE LÉZARD TERRIBLE, COMPRENAIENT PLUSIEURS MILLIERS D'ESPÈCES ; CERTAINES MARCHAIENT DEBOUT. ILS VÉCURENT CENT CINQUANTE MILLIONS D'ANNÉES...

LES DINOSAUR...

EH BÉ !

CLAP

TU EN AS RENCONTRÉ, TOI, PÉPÉ, DE CES GRANDES BÊTES ?

COMMENT VEUX-TU ?

TES DIPLORASTORES ET TES THERMOLACTILES DATENT DE PLUSIEURS MILLIONS D'ANNÉES...

ET T'ÉTAIS PAS ENCORE NÉ ?

EH, HO ! ÇA VA PAS LA TÊTE ?

TOC TOC

AH, JE CROYAIS...

MAIS NON, TU NE FAIS PAS VIEUX ! TU FAIS TON ÂGE, VOILÀ TOUT ! POURQUOI ME DEMANDES-TU ÇA ? IL Y A ENCORE QUELQUE CHOSE QUI TE TRACASSE ?...

101/1

CAUVIN - Laudec 93

Bulletin recyclé

? — EEEH!

ON... ON DIRAIT... DANS LE SAC, LES DÉTRITUS !

MAIS CE N'EST PAS UN DÉTRITUS ! IL EST TOUT NEUF !

DANS LE SAC, J'AI DIT !

MADEMOISELLE ! MADEMOISELLE ! REGARDEZ CE QUE JE VIENS DE TROUVER...

À MON AVIS, C'EST QUELQU'UN QUI L'A JETÉ DU PETIT PONT !

BIEN RAISONNÉ, NICOLAS, ET APPAREMMENT, CE QUELQU'UN AVAIT UN INTÉRÊT VITAL À S'EN DÉBARRASSER...

CÉDRIC !

J'AI BIEN ESSAYÉ DE FAIRE JOUER LA PRESCRIPTION, MAIS ÇA N'A PAS MARCHÉ...

BIEN SÛR, HUIT JOURS, C'EST PAS ASSEZ !

105/2

CAUVIN - LAUDEC '93

Un instant d'intimité

RRR

CÉDRIC, IL SE FAIT TARD! VA DIRE BONSOIR À TOUT LE MONDE! IL EST TEMPS POUR TOI D'ALLER AU LIT À PRÉSENT!

AU REVOIR, MAMAN!

SMOUTCH

'SOIR, 'PA!

BONNE NUIT, FISTON!

BZOU

'SOIR, PÉPÉ!

EUH!..? HEIN?.. QUOI?

VOUS FERIEZ MIEUX D'EN FAIRE AUTANT! VOUS NE REGARDEZ PAS LA TÉLÉVISION, VOUS RONFLEZ!

C'EST VRAI, PAPA! TU SERAIS MIEUX AU LIT!

ÇA VA, J'AI COMPRIS! JE GÊNE!

MAIS NOOON!

MAIS SI.

LAISSE TOMBER, MA CHÉRIE! AVEC LUI, TU N'AURAS JAMAIS LE DERNIER MOT!

SLASH

SLASH SLASH

RHÂÂÂ... ENFIN SEULS!

102/1

AAAAAH!

'MAN, J'AI SOIF!

LE JUS D'ORANGE EST RESTÉ SUR LA TABLE... MON CHÉRI!

NE FAIS PAS CETTE TÊTE-LÀ, ROBERT! IL VAUT MIEUX MAINTENANT QUE PLUS TARD! APRÈS, IL A TOUJOURS DU MAL À S'ENDORMIR!

GLOU GLOU

BONNE NUIT!

C'EST ÇA! BONNE NUIT!

SLASH SLASH SLASH

CHIOMP CHIOMP CHIOMP

?

QU'EST-CE QUE VOUS FAITES LÀ, VOUS?

J'AVAIS UNE PETITE FAIM...

ROBERT!

ÇA VA! ÇA VA! J'AI COMPRIS... JE GÊNE!

MAIS SI!

MAIS NOOON!

SLASH SLASH SLASH SLASH

102/2

CALME-TOI, CHÉRI. JE VOUDRAIS T'Y VOIR, MOI, À SON ÂGE...

JE N'IRAIS PAS ENQUIQUINER MA BELLE FILLE MOI!..

102/3

OH ÇA VA! ÇA VA, J'AI COMPRIS, JE GÊNE!

OUAIS! VOUS GÊNEZ! VOUS ÊTES CONTENT?!

ROBERT!

SOYEZ TRANQUILLES! JE NE VOUS GÊNERAI PLUS LONGTEMPS! DEMAIN, JE FAIS MES VALISES ET HOP, DIRECTION L'HOSPICE!

ENFIN! LA MEILLEURE NOUVELLE DE LA SOIRÉE!

ROBERT!

PAPA, TON PERRIER!

GARDE-LE, JE N'AI PLUS SOIF!

VOUS N'AVEZ JAMAIS EU SOIF!

TOUS LES SOIRS, C'EST PAREIL! IL NE FAIT CELA QUE POUR NOUS EMBÊTER! AVOUEZ! ALLEZ, MAIS AVOUEZ DONC!

JE NE VOUS ADRESSERAI PLUS LA PAROLE QU'EN PRÉSENCE DE MON AVOCAT!

ROBERT! LÀ TU EXAGÈRES!

ET PUIS ZUT! J'EN AI ASSEZ! JE VAIS ME COUCHER!

MAIS,... MAIS, CHÉRIE?

BONNE NUIT!

LE LENDEMAIN MATIN...

JE SAIS QU'ON LEUR TAPE SUR LE SYSTÈME, GAMIN SEULEMENT FAUDRAIT SAVOIR UNE CHOSE: OU BIEN ON RESTE À QUATRE, OU BIEN ON LAISSE ALLER LES CHOSES. C'EST VRAIMENT ÇA QUE TU VEUX?

BEN NON ALORS...

ALORS, CROIS-EN MA VIEILLE EXPÉRIENCE! ON A INTÉRÊT À CONTINUER COMME ÇA!

CAUVIN - LAUDEC '93.

Première rencontre

DIS, M'AN, COMMENT TU AS RENCONTRÉ PAPA ?

HEIN ? POURQUOI TU VEUX SAVOIR ÇA, TOI ?

PAPA !

TU NE VAS TOUT DE MÊME PAS LUI RACONTER !?

MAIS SI ! POURQUOI PAS ? C'EST UNE JOLIE HISTOIRE D'AMOUR... TU N'ES PAS D'ACCORD ?

TU PARLES ! BON, EH BIEN MOI, JE VAIS EN PROFITER POUR TAILLER LA HAIE...

TU NE VEUX PAS ÉCOUTER ?

NAN !... PAS QUE ÇA À FAIRE, MOI !

ALORS, TU RACONTES, DIS ?

VOILÀ, TOUT A COMMENCÉ IL N'Y A PAS SI LONGTEMPS... QUELQUES ANNÉES À PEINE, JE M'EN SOUVIENS COMME SI C'ÉTAIT HIER...

TCHAC TCHAC TCHAC

EH, MARIE-ROSE, C'EST BIENTÔT LA FÊTE DES MÈRES, SAIS-TU CE QUI FERAIT PLAISIR À MAMAN ?

OH ! QUE OUI !

THE DOORS

...UN NOUVEAU TAPIS POUR LE SALON. IL Y A LONGTEMPS QU'ELLE EN RÊVE. CELUI-CI A FAIT SON TEMPS, TU NE TROUVES PAS !?

QU'EST-CE QU'ELLE LUI REPROCHE À CE TAPIS ?

D'ACCORD, LES COULEURS SONT UN PEU PASSÉES, LES BORDS SONT USÉS, MAIS LE MILIEU EST ENCORE BON...

SI TU TROUVES QUE C'EST UN PEU CHER, SOIS TRANQUILLE, JE LE PAIERAI AVEC TOI !

103/1

PARFAIT ! DANS CE CAS, JE M'EN OCCUPE ! DIS-MOI SIMPLEMENT OÙ ON VEND CES MACHINS-LÀ...

IL Y A UN GRAND MAGASIN, NON LOIN D'ICI... TU NE VEUX PAS QUE J'AILLE AVEC TOI ?

ET PUIS QUOI ENCORE? JE SUIS EN ÂGE DE ME DÉBROUILLER SEUL...

NON, MAIS...

COMME TU VOUDRAS!

OR, CE JOUR-LÀ, LE HASARD VOULUT QUE...

ÉCOUTEZ-MOI, JE VEUX BIEN VOUS ENGAGER, MAIS QU'EST-CE QUI ME PROUVE QUE VOUS ÊTES UN BON VENDEUR?

-50%

METTEZ-MOI À L'ESSAI...

COMBIEN DE TEMPS?.. UN MOIS? DEUX MOIS?... ET SI VOUS NE VALEZ RIEN, J'AURAI PERDU MON TEMPS... NON, MOI CE QUE JE VEUX, CE SONT DES PREUVES RAPIDES...

ATTENDEZ!

VINGT ANS QUE CETTE HORREUR ENCOMBRE MES STOCKS! JUSQU'ICI, PERSONNE N'A RÉUSSI À LE VENDRE... SI VOUS RÉUSSISSEZ, LA PLACE EST À VOUS! VOUS AVEZ MA PAROLE...

ISVAN

Y A QUELQU'UN?

JE PEUX FAIRE QUELQUE CHOSE POUR VOUS, MONSIEUR?

JE CHERCHE UN TAPIS POUR METTRE SOUS LA TABLE D'UN SALON, ROND, DEUX MÈTRES DE DIAMÈTRE, ET PAS CHER! J'AI PASSÉ LA MOITIÉ DE MA VIE EN ORIENT... PENSEZ SI JE M'Y CONNAIS...

FORMIDABLE! J'ADORE DISCUTER AVEC UN CONNAISSEUR...

103/2

AH? PARCE QU'IL A ÉTÉ EN... EN...

EN ORIENT? PENSES-TU! IL VOULAIT IMPRESSIONNER LE VENDEUR, VOILÀ TOUT! HI HI HI...

ET APRÈS?

... UNE HEURE PLUS TARD, LE "CONNAISSEUR" REVENAIT FIÈREMENT À LA MAISON, SON ACHAT SOUS LE BRAS..

QU'EST-CE QUE VOUS DITES DE ÇA?

CHÉRI, OÙ DONC AS-TU ÉTÉ ACHETER CE... CETTE CHOSE?!...

APPRENEZ, CHÈRE MADAME, QUE CETTE CHOSE COMME VOUS DITES, EST UN TAPIS FAIT MAIN EN PROVENANCE DIRECTE DE LA CORDILLÈRE DES ANDES.'

DE...? DE LA QUOI?

DE LA CORDILLÈRE DES ANDES, AU PROCHE-ORIENT! TU ME PEINES, MARIE-ROSE! TU N'AS DONC RIEN APPRIS À L'ÉCOLE?

HI HI HI HI HI HI HI HI HI

LA CORDILLÈRE DES ANDES? C'EST OÙ, MAMAN?

JE... JE NE ME SOUVIENS PLUS, MON CHÉRI, MAIS CERTAINEMENT PAS EN ORIENT!

ON NE PEUT PAS EN VOULOIR À PÉPÉ, CÉDRIC! IL A TRAVAILLÉ TRÈS DUR DÈS SON PLUS JEUNE ÂGE POUR ÉLEVER SA FAMILLE ET IL N'A PAS EU LA CHANCE COMME TOI D'ALLER BEAUCOUP À L'ÉCOLE...

C'EST VRAI, ÇA!

N'EMPÊCHE, MADEMOISELLE NELLY DIT TOUJOURS QUE QUAND ON SAIT PAS ON DIT RIEN... AINSI, ON ÉVITE DE DIRE DES BÊTISES...

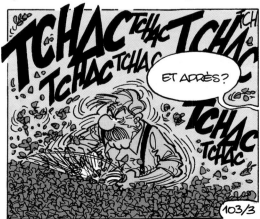

ET APRÈS?

103/3

IL ÉTAIT FURIEUX, PAPA! IL A REPRIS SON TAPIS SOUS LE BRAS ET IL EST RETOURNÉ AU MAGASIN...

ENCORE UNE FOIS, MES FÉLICITATIONS! LA PLACE EST À VOUS!

MERCI, MONSIEUR LE DIRECTEUR!

EH! VOUS, LÀ!

CH CH ... JE... JE VOUS LAISSE...

MON... MONSIEUR?

JE VIENS POUR ÉCHANGER CETTE HORREUR.

MENTEUR!

LES ARTICLES NE SONT NI REPRIS NI ÉCHANGÉS

LA DIRECTION

VOUS M'EN VOYEZ DÉSOLÉ, MAIS LE RÈGLEMENT...

DE QUOI?! ALORS C'EST NON?

C'EST NON!

...VA Y AVOIR DU SANG SUR LES CARPETTES...

DES TAPIS, MONSIEUR! DES TAPIS...

HÉHÉ...

PAPA, LAISSE-NOUS UN INSTANT, S'IL TE PLAÎT!

?

MARIE-ROSE?! MAIS QU'EST-CE QUE...?

JE VOUDRAIS SIMPLEMENT DISCUTER UN PEU AVEC MONSIEUR...

UN MONSIEUR, ÇA?! UN VOYOU, UN ESCROC, UN...

PAPA!

BON, D'ACCORD, JE T'ATTENDS DEHORS, MAIS NE RESTE PAS TROP LONGTEMPS! TU NE PEUX PAS SAVOIR L'ENVIE QUE J'AI DE METTRE LE FEU À CE *☼**⚡ DE MAGASIN!

103/4

...ET TOI, TU AS RÉUSSI À LE CONVAINCRE?

OUI, HI HI HI...

IL M'A DIT QU'IL ME TROUVAIT JOLIE, JE LUI AI DIT QU'IL N'ÉTAIT PAS MAL NON PLUS... EN UN MOT, ON A DE SUITE SYMPATHISÉ...

ON A TOUT DE SUITE SYMPATHISÉ)), ET GNÉGNÉGNÉ ET GNÉGNÉGNÉ

IL T'A REPRIS LE TAPIS?

IL L'A GARDÉ POUR LUI! EN ÉCHANGE, IL NOUS EN A OFFERT UN AUTRE, MAGNIFIQUE CELUI-LÀ!

C'EST MAMAN QUI A ÉTÉ CONTENTE...

QUANT À MOI, J'AI CONTINUÉ À VOIR LE PETIT VENDEUR... ON S'EST AIMÉS ET ON S'EST MARIÉS...

QUOI? LE VENDEUR, C'ÉTAIT PAPA!?

ET C'EST MAINTENANT QUE TU DEVINES ÇA?... PAS FUTÉ LE PETIT-FILS D'ANDOUILLE!...

BAAH!!

SI VOUS N'ÊTES PAS CONTENT, VOUS POUVEZ TOUJOURS FAIRE LE TRAVAIL VOUS-MÊME! VOYOU! ESCROC! MENTEUR!

PAPA!

ESCROC? VOYOU? MENTEUR? MAIS QU'EST-CE QUI LUI PREND? QU'EST-CE QUE JE LUI AI ENCORE FAIT À CE VIEUX...

HI HI HI! VIENS, CHÉRI. JE VAIS T'EXPLIQUER!

103/5

CALVIN Laudec '93

21

La bonne planque

Artiste en herbe

CLIC

DZZZZ

OÙ EST CÉDRIC, M'DAME ?

DANS LA BUANDERIE...

VOILÀ ! UNE PHOTO DE FACE, UNE PHOTO DE DOS, UNE DE PROFIL GAUCHE ET UNE DE PROFIL DROIT. C'EST CE QUE TU M'AVAIS DEMANDÉ, HEIN ?

PÂÂÂRFAIT !

TOUT DE MÊME...

TOUT DE MÊME QUOI ?

TU CHERCHES LES DIFFICULTÉS ! À MON AVIS, SI TU LUI AVAIS SIMPLEMENT OFFERT UN BALLOTIN DE CHOCOLATS ...

LES CHOCOLATS, ÇA FAIT GROSSIR, ET ÇA ATTAQUE LES DENTS !

TU CROIS VRAIMENT QUE TU Y ARRIVERAS ?

ET POURQUOI J'Y ARRIVERAIS PAS ?

PARCE QUE T'AS JAMAIS FAIT ÇA !

FAUT UN DÉBUT À TOUT !/...

M'EN VAIS ! JE VOIS BIEN QUE JE GÈNE...

J'AI HORREUR QU'ON ME REGARDE TRAVAILLER...

106/1

OÙ EST CÉDRIC ?

DANS LA BUANDERIE. IL S'EST JURÉ DE FAIRE LE BUSTE DE CHEN ET DE LUI OFFRIR LE JOUR DE SON ANNIVERSAIRE !

ALORS LÀ, JE NE VEUX PAS RATER ÇA !

SALUT, FISTON !

SALUT, 'PA !

À MON AVIS, TU AS ENTREPRIS LÀ QUELQUE CHOSE AU-DESSUS DE TES MOYENS ! T'AURAIS SIM-PLEMENT PU LUI OFFRIR UN BALLOTIN DE CHOCOLATS !...

LES CHOCOLATS, ÇA FAIT GROSSIR, ET ÇA ATTAQUE LES DENTS !

BON, BON ... POUR MOI ... CE QUE J'EN DISAIS...

HOULÀLÀÀÀÀ ! IL N'EST PAS À PRENDRE AVEC DES PINCETTES, NOTRE ARTISTE !

HI HI HI ! JE VAIS ALLER AUSSI LUI RENDRE UNE PETITE VISITE !

106/2

BONJOUR, CHÉRI...

'JOUR, 'MAN!

ET SI TU LUI OFFRAIS SIMPLEMENT UN BALLOTIN DE CHOCOLATS ?

LES CHOCOLATS, ÇA FAIT GROSSIR ET ÇA ATTAQUE LES DENTS !

BON, BON ! MOI, JE DISAIS ÇA COMME ÇA !

EH BEN...

JE T'AVAIS PRÉVENUE !

SALUT, GAMIN !

'JOUR, PÉPÉ !

NAN ! JE NE LUI OFFRIRAI PAS SIMPLEMENT UN BALLOTIN DE CHOCOLATS, PARCE QUE ÇA FAIT GROSSIR ET QUE ÇA ATTAQUE LES DENTS !

MAIS TU AS RAISON, GAMIN ! TU AS MILLE FOIS RAISON !

N'EMPÊCHE QUE...

106/3

DEUX JOURS PLUS TARD...

ÇA Y EST! J'AI FINI! EN COULEUR ET TOUT ET TOUT!

JE VAIS APPELER CHEN ET AUSSI CHRISTIAN! J'ESPÈRE QUE VOUS AUSSI, VOUS VIENDREZ VOIR LE RÉSULTAT! VOUS VIENDREZ, HEIN? DITES! VOUS VIENDREZ?

BIEN SÛR!

TU PARLES!

MAIS OUI!

PLUS TARD...

ATTENTION... UN... DEUX... ET...

TROIS!

ALORS, CHEN? QU'EST-CE QUE TU EN PENSES? HEIN? QU'EST-CE QUE TU EN PENSES?

HEU...

OUAHAH HA!

HIHIHI

HOHOHO

...ON... ON DIRAIT UNE FILLE TOUTE JAUNE, QUI A MANGÉ TROP DE CHOCOLATS, ET QUI A LES DENTS GÂTÉES...

HIHIHI HAHA

NOTEZ QUE D'HABITUDE, ON A HORREUR D'AVOIR RECOURS AUX SERVICES D'UN PSY-CHOLOGUE, MAIS CETTE FOIS-CI, ON CROIT VRAIMENT QUE ÇA LUI EN A FICHU UN COUP...

AGAA AGA...

GA...

106/4

26

Leçon de maintien

HOUPS!

C'EST RIEN! C'EST RIEN!
ON RECOMMENCE!

NE ME LÂCHE PAS, HEIN?!

MAIS NON!
MAIS NON!

HOUPS!

JE N'Y ALLIVELAI PAS!

MAIS SI!
MAIS SI!

TU VAS VOIR! CE N'EST PAS
DIFFICILE! TIENS-MOI
BIEN!...

LAISSE TOMBER CÉDRIC! TU VOIS BIEN QU'ELLE N'Y
ARRIVERA JAMAIS!

IL A LAISON! JE PLÉFÈLE
ABANDONNER!

MAIS SI! CLOIS-MOI,
ÇA VAUT MIEUX!

MAIS NON!

NON! MAIS DE QUOI J'ME
MÊLE! HEIN? DE QUOI
J'ME MÊLE?!

MAIS ENFIN,
T'AS BIEN VU,
ELLE N'A MÊME
PAS RÉUSSI À
FAIRE PLUS D'UN
MÈTRE SUR TON
SKATE!

BIEN SÛR, ELLE N'AURAIT PAS PU, PUISQUE JE LA RE-
TENAIS! TU VIENS DE BRISER LES PLUS BEAUX
MOMENTS DE MA VIE, IMBÉCILE!

JE POUVAIS
PAS SAVOIR,
MOI...

109/2

CAUVIN. Laudec '94

Toute peine mérite salaire

ZZZ...

ALORS?

IL DORT!

ZZ...

VOILÀ PRÈS DE DEUX HEURES QUE TU ES LÀ. TU NE VEUX PAS DESCENDRE? JE RESTERAI PRÈS DE LUI...

NON, NON!

ZZZZ...

CE N'EST PAS GRAVE, DIS, M'AN?

MAIS NOOON! UNE MAUVAISE GRIPPE, VOILÀ TOUT!

POURQUOI IL DORT TOUJOURS?

CE SONT LES MÉDICAMENTS PRESCRITS PAR LE MÉDECIN QUI LUI FONT CET EFFET-LÀ!

ET IL VA ENCORE DORMIR LONGTEMPS COMME ÇA?

PLUS IL DORMIRA, PLUS CELA LUI FERA DU BIEN...

À TOUT À L'HEURE! ET SURTOUT, NE L'ÉVEILLE PAS!

ZZZZZZ

112/1

112/2

T'ES TOUT DE MÊME UN CHOUETTE "FIEU"! JE SUIS CONTENT DE T'AVOIR COMME PETIT-FILS...

M'AN, ÇA Y EST! IL EST RÉVEILLÉ! IL A DEMANDÉ UN VERRE D'EAU!

C'EST FOU CE QU'IL AIME PAPA!...

OUI, ÇA FAIT PLAISIR À VOIR... ILS NE PEUVENT VRAIMENT PAS SE PASSER L'UN DE L'AUTRE...

TU N'AS PLUS BESOIN DE RIEN?

JE... JE PEUX M'EN ALLER?

NON, GAMIN! JE VAIS ENCORE ME REPOSER UN PEU.

BIEN SÛR!

BON... BEN... DANS CE CAS, ÇA TE FERA VINGT FRANCS!

HEIN?!

BEN, OUI! DEUX HEURES À DIX FRANCS! MAIS POUR LE VERRE D'EAU, C'EST GRATUIT!

VA DANS MON PORTE-MONNAIE, SERS-TOI ET LAISSE-MOI MOURIR EN PAIX, TU VEUX BIEN?

?!

VOYOU!!

?

MAIS ENFIN, CÉDRIC, POURQUOI FAIS-TU CETTE TÊTE-LÀ? PUISQUE TU ME DIS QUE CET ARGENT, TU NE L'AS PAS VOLÉ, MAIS QUE TU L'AS GAGNÉ!

C'EST VRAI! MAIS JE NE COMPRENDRAI JAMAIS MON PÉPÉ! IL ME DIT TOUJOURS, : "GAMIN, DANS LA VIE, NE FAIS JAMAIS RIEN POUR RIEN" MAIS QUAND C'EST LUI QUI PAIE, IL FAIT LA TÊTE!

GLACES GINO LAMBILLO

CAUVIN- LAUDEC '94.

112/3

CAUVIN. Laudec '94

113/1

A en perdre la boule

BONJOUR, TOUT LE MONDE!

CHHHHHT!

?!

QU'EST-CE QUE MAMAN FAIT AVEC LA BOULE DE VERRE DU SALON?

ELLE ESSAIE DE LIRE DANS LE PASSÉ ET DE PRÉDIRE L'AVENIR!

ET... ET ÇA MARCHE?

ÇA, ON VA BIENTÔT LE SAVOIR.

JE VOIS... JE VOIS...

JE VOIS QU'IL A FALLU QUE TU TE FASSES ENCORE REMARQUER À L'ÉCOLE AUJOURD'HUI, CÉDRIC...

HEIN!?

CE MATIN, TU ES ARRIVÉ EN RETARD...

111/1

TU T'ES ENCORE DISPUTÉ AVEC NICOLAS DES CHARENTES DU VENTOU À LA RÉCRÉATION...

KLOP GNOK PAF

TU AS ÉTÉ DISTRAIT EN CLASSE...

...ET COMME D'HABITUDE, TU NE CONNAISSAIS PAS TES LEÇONS !

ÇA, C'ÉTAIT POUR LE PASSÉ...

...ET À PRÉSENT, VOYONS L'AVENIR...

CÉDRIC, FILE DANS TA CHAMBRE ! JE NE VEUX PLUS TE VOIR AVANT L'HEURE DU DÎNER !

ÇA VA, GAMIN ?

PÉPÉ..?!

T'AS ... T'AS VU ...? ELLE ... ELLE EST DRÔLEMENT FORTICHE, MAMAN ...

PENSES-TU !

AH NON ? ET COMMENT ELLE A FAIT ALORS ?

MADEMOISELLE NELLY VENAIT DE LUI TÉLÉPHONER JUSTE CINQ MINUTES AVANT QUE TU N'ARRIVES !

CAUVIN - Laudec '94

111/2

Bague à part

- À QUOI PENSES-TU, CÉDRIC ?
- QUE DEMAIN, C'EST L'ANNIVERSAIRE DE CHEN, ET QUE JE NE SAIS PAS QUOI LUI OFFRIR...

- LE FIANCÉ DE MA SOEUR, IL...
- EH, HO ! PRRRFRR... LE FIANCÉ DE TA SOEUR, VU ?

- N'EMPÊCHE QUE LUI, L'ANNÉE DERNIÈRE, IL NE LUI A PAS OFFERT UN BALADEUR ! (*) SON CADEAU, ELLE L'A TOUJOURS !

- ET D'ABORD, SI J'AI CASSÉ SON BALADEUR, C'EST PARCE QUE ÇA LA RENDAIT SOURDE ...
- TU PARLES D'UN CADEAU...

- ET QU'EST-CE QU'IL AVAIT OFFERT, LE FIANCÉ DE TA SOEUR, À TA SOEUR ?
- LE FIANCÉ DE MA SOEUR ?
- OUI ?
- À MA SOEUR ?
- OUI ?

- UNE BAGUE !
- UNE BAGUE ?

- DIDJOŪ ! ET ÇA VA CHERCHER DANS LES COMBIEN, UNE BAGUE ?
- ÇA DÉPEND ! IL Y EN A DE TOUS LES PRIX...

115/1

(*) VOIR ALBUM N°6 "CHAUD ET FROID"

QUE SE PASSE-T-IL? HI!HI!HI! LA MEILLEURE DE L'ANNÉE... HI!HI!HI!, JE HI!HI! JE T'EXPLIQUE...

PEU APRÈS... TU AURAIS DÛ LE VOIR ALLER DANS SA POCHE, ET DÉPOSER L'ARGENT SUR LE COMPTOIR!

WHAAHAHA HIHI GARGL

HAHAHA HIHI HI?

ÇA... ÇA NE TE FAIT PAS RIRE? PAS DU TOUT!

CE N'EST PAS TOI QUI AURAIS EU UN GESTE D'UNE TELLE GENTILLESSE À MON ÉGARD QUAND TU AVAIS SON ÂGE...

MAIS... MAIS ALICE, À L'ÉPOQUE, JE N'AVAIS PAS D'ARGENT! LUI NON PLUS!

ALORS, TU METS UNE PIÈCE LÀ, DANS LA FENTE, TU APPUIES SUR CE BOUTON, ET IL Y A UN ŒUF EN PLASTIQUE QUI SORT. DEDANS, IL Y A TOUJOURS UNE SURPRISE ET PARFOIS, C'EST UNE BAGUE. EN OR? LÉGUMES - PRIMEU PERU

'SAIS PAS, MAIS ÇA BRILLE TOUT COMME... EH, PETIT?

115/3

Dialogue de sourds

DIS-MOI MARIE-ROSE....!

OUI, PAPA?

JE ....

CHÉRIE, OÙ AS-TU MIS MON VIEUX PANTALON DE TOILE?

DANS L'ARMOIRE DE LA BUANDERIE!

QU'EST-CE QUE TU VAS FAIRE?

REMETTRE UNE COUCHE DE PROTECTION SUR LES BOISERIES EXTÉRIEURES!

EXCELLENTE IDÉE....

MARIE-ROSE....

AH OUI! QU'EST-CE QUE TU DISAIS?

JE....

OÙ SONT PASSÉS MES PINCEAUX?

SUR L'ÉTAGÈRE DU DESSUS!

VAS-Y, PAPA, JE T'ÉCOUTE....

EH BIEN, VOILÀ....

MAMAN, J'AI FINI MES DEVOIRS! JE PEUX ALLER JOUER?

OUI, MAIS NE T'ÉLOIGNE PAS! LE DÎNER VA BIENTÔT ÊTRE SERVI!

CÉDRIC, TU AS BIEN COMPRIS?!

OUI, OUI, 'MAN!

'JOUR, PÉPÉ!

SALUT, GAMIN!

MARIE-ROSE....

AH, OUI....

QU'EST-CE QU'ON MANGE?

DU POULET RÔTI!

107/1

ALLEZ, PAPA, VAS-Y, JE T'ÉCOUTE!

EH BIEN, VOILÀ...

AVEC QUOI?

AVEC QUOI, QUOI?

LE POULET!

AVEC DES FRITES!

CHÉRIE, OÙ EST ENCORE PASSÉ LE WHITE-SPIRIT?

SUR L'ÉTAGÈRE DU MILIEU, PRÈS DU COFFRE À OUTILS!

J'TROUVE PAS!

C'EST BON, J'ARRIVE!

BLANG BLINK KLING ZONK

ET LÀ, C'EST QUOI?

AH TIENS, OUI! JE NE L'AVAIS PAS VU...

MAMAN, ET AVEC LES FRITES, C'EST QUOI?!

DE LA SALADE!

VOILÀ QUELQUES NUITS QUE JE DORS ASSEZ MAL! À MON AVIS, ÇA DOIT PROVENIR DE MON DOS. SI QUELQU'UN POUVAIT M'AIDER À RETOURNER MON MATELAS...

?

PAPA, HI HI HI! QU'EST-CE QUI T'ARRIVE? TU PARLES AUX PLANTES VERTES À PRÉSENT?

PLUS TARD...

VOUS AVEZ REMARQUÉ? PLUS ON DEVIENT VIEUX, MOINS ON VOUS ÉCOUTE...

C'EST BIEN VRAI! NOTEZ, J'AI TROUVÉ UNE PARADE... MAIS ÇA N'ARRANGE RIEN: MON MATELAS EST TOUJOURS DISPOSÉ DE LA MÊME FAÇON, JE DORS TOUJOURS AUSSI MAL ET J'AI TOUJOURS MAL AU DOS!

107/2

CAUVIN-LAUDEC '93

Affreuse méprise

L'art de présenter les choses

J'EN CONNAIS UN QUI VA RENTRER CHEZ LUI ET FAIRE DES RÉUSSITES.

POURQUOI ? T'AS PAS ENVIE DE JOUER ?

TU RIGOLES ? QUAND TES PARENTS AURONT VU TON BULLETIN, TU SERAS SÛREMENT PRIVÉ DE SORTIES UN BON BOUT DE TEMPS, ET MIS AU RÉGIME DU PAIN SEC ET DE L'EAU !..

MAIS NOOON...

... LE TOUT, C'EST DE SAVOIR LEUR PRÉSENTER LES CHOSES ! ATTENDS-MOI ICI, TU VAS VOIR !

SI TU RÉUSSIS CE COUP-LÀ, T'ES DRÔLEMENT 'FORTICHE !

C'EST COMME SI C'ÉTAIT FAIT !

OUAIS... MAIS TOUT DE MÊME, JE DEMANDE À VOIR...

VLAM

MAMAN, PAPA, POURQUOI VOUS NE M'AVEZ PAS FAIT COMME LES AUTRES, HEIN ? DITES ?

POURQUOI LES COPAINS, ILS SONT INTELLIGENTS ET QUE MOI, JE SUIS BÊTE ? HEIN ? HEIN ?

VOYONS, CÉDRIC, QU'EST-CE QUI TE FAIT DIRE ÇA ?

MAIS... MAIS... CO...COMMENT SE FAIT-IL...?!

J'AI BEAU PASSER DES HEURES À ÉTUDIER, ENFERMÉ DANS MA CHAMBRE, IL N'Y A RIEN QUI ENTRE!

VOUS VOULEZ QUE JE VOUS DISE !? VOUS M'AVEZ FAIT LE CERVEAU TROP PETIT, ALORS QUAND J'ÉTUDIE TROP, ÇA DÉBORDE!

OÙ...OÙ VAS-TU?

JE RETOURNE DANS MA CHAMBRE! JE VAIS ENCORE ESSAYER, MAIS JE NE GARANTIS RIEN. DANS MOINS D'UNE HEURE, LES MATHS ME SORTIRONT PAR LES OREILLES...

J'VOUS DIS PAS QUAND JE M'ATTAQUERAI AUX LEÇONS DE GÉOGRAPHIE...

VLAM

ALORS!?

T'EN FAIS PAS! CE N'EST QU'UNE QUESTION DE MINUTES.

À MON AVIS, ON DEVRAIT L'ENVOYER PRENDRE L'AIR, CHÉRI! IL ME SEMBLE SURMENÉ...

PENSEZ-VOUS...

110/2